Un projet artistique pour un anniversaire

À l'occasion du 20e anniversaire de la Convention internationale des droits de l'enfant, Alain Serres a choisi des photographies qui racontent la réalité de la vie des enfants de la planète. Il a écrit un texte en écho à chacune de ces images. Et avec ses pinceaux et ses couleurs, Judith Gueyfier a ensuite réagi à ces duos de textes et de photos.

20 ans après l'adoption de la Convention et sa ratification par 192 pays, il en résulte ce grand livre de colère, de poésie et d'espoir.

Direction éditoriale et artistique, iconographie : Alain Serres
Maquette : A.F. + K.O.
ISBN : 978-2-35504-087-0

Photographies de :

Abbas
Peter van Agtmael
Christopher Anderson
Bruno Barbey
Jonas Bendiksen
Ian Berry
Chien-Chi Chang
Bruce Davidson
Raymond Depardon
Philip Jones Griffiths
Mat Jacob
Caty Jan
Philippe Lopparelli
Wasif Munem
Paolo Pellegrin
Andrew Quilty
Sebastião Salgado
Ferdinando Scianna
Larry Towell
John Vink
Tamara Voninski
Stephan Zaubitzer
Guillaume Zuili

JE SERAI TROIS MILLIARDS D'ENFANTS

Textes
d'Alain Serres

Illustrations
de Judith Gueyfier

RUE DU MONDE

Naïma

Il est fragile, le cerf-volant de Naïma. Plus fragile qu'un oiseau.
C'est pourtant délicat, un oiseau. Presqu'autant qu'un enfant.
Mais, dans sa tête, Naïma a un autre cerf-volant
aux ailes vastes comme le vent.
Un cerf-volant solide et puissant, en métal et en béton.
Aucun aigle ne peut le déchirer, ni une tempête
le briser ou le noyer.
Ce cerf-volant, c'est son droit d'avoir des droits.
Des droits écrits dans une convention internationale,
ratifiée par son pays.
Naïma a même le droit de faire zigzaguer
son cerf-volant pas vraiment droit.
– Ça va, Naïma ?
– Ça ira.

Lucia

Le jour de sa naissance, naître avec sept trésors.
Une maman en bonne santé, même si le bébé
était lourd à porter.
Du lait tiède, un pays où habiter, des papiers,
un drap qui sent bon la bienvenue.
Naître avec un nom, un prénom
que l'on est fier de porter.
Et, dès ce premier instant, commencer
à être une personne qui compte infiniment
pour ses sept milliards de parents.

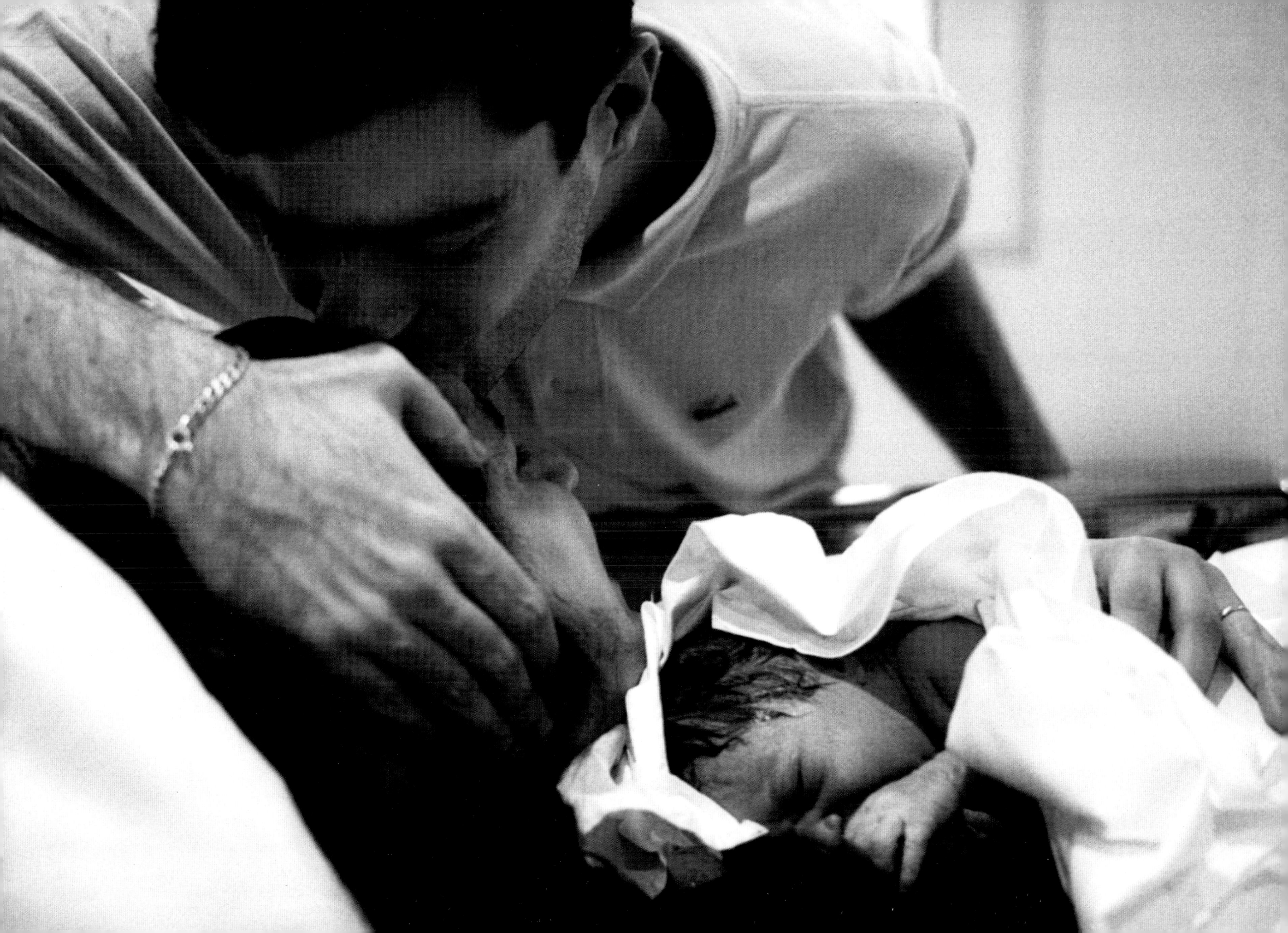

Mucho

Pour bien grandir, il faut bien sourire.
Pour bien sourire, il faut aimer
les caresses de plumes qui glissent
sur la peau en chantant des paroles d'oiseaux.
Pour aimer les plumes de tous les oiseaux,
il faut parler en tendresse.
Et pour la parler, cette belle langue
des hommes heureux, il faut la recevoir un jour,
cent jours, mille jours, comme on reçoit
le mot « papa », le mot « maman »,
le mot « frérot », les mots « Tiens, Mucho !
je t'ai servi un verre de lait de coco ».
Mucho, c'est le petit nom que lui ont donné
ceux qui l'aiment beaucoup.
Son lait, il en laisse toujours un peu
pour les oiseaux.

Aïcha

Chaque année, deux milliards d'ananas sont ramassés
dans les allées de notre généreux jardin planétaire.
Aïcha n'en sait rien.
36 milliards d'oranges y sont cueillies : 12 oranges pour chacun
des enfants que nous avons invités autour de la grande table de la vie.
600 millions de tonnes de riz aussi, récoltées pour eux,
pour leurs parents et leurs vieux grands-parents
qui n'ont presque plus de dents.
Aïcha l'ignore. Comme elle ignore la sensation d'être rassasiée,
libérée de cette faim qui, quand elle s'empare de l'estomac,
accapare le corps et l'esprit tout entier.
Personne n'a jamais osé avouer à Aïcha que,
dans leur immense jardin, les hommes font pousser
de quoi nourrir tous les Terriens,
et plus encore : leurs animaux.
Aïcha garde les yeux clos.

FACT LTD-COCHIN
INDIA

Salila

Salila ne comprend pas.
Dans son quartier, sur les hauteurs
de la ville, il n'y a pas d'eau dans les maisons.
À part la pluie parfois.
Pas d'eau, mais un énorme serpent d'eau
dévale pourtant la pente.
Il court apporter de l'eau pure aux quartiers
riches du centre-ville. Le tuyau
et l'eau passent, mais ne s'arrêtent pas.
Il y a bien sûr la pompe collective
à l'angle du treizième pâté de maisons...

Un jour, dans les reflets d'une goutte d'eau,
Salila a vu une rivière avec des arbres-fontaines,
des chevaux éclabousseurs...
Mais à trop rêver dans la file d'attente
de la pompe, on se fait voler sa place !
Depuis sa chaise, la vieille Ashima crie :
– À quoi bon frapper sur la tête de celui
qui t'est passé devant, Salila ?!
Le voleur d'eau, il n'habite pas ici !

Nian

– Eh ! ne pleure pas, Nian. Tu es grand
et on vient de loin. Déjà qu'on a mal
aux pieds… Si en plus tu nous fais mal
aux oreilles !
Sur le mur bleu du dispensaire grimpent
comme des plantes médicinales…
Mais ce sont des fissures. Ça sent le sirop,
le « coton qui pique » et la moto du médecin.
Beaucoup d'enfants attendent.
Ils sont venus ensemble, du même village,
derrière un musicien.
– Regarde, mon Nian ! C'est comme une fête !
La maladie ne pourra plus passer
quand tu seras vacciné.
Ah non, tu n'as pas le droit de pleurer.
Le médecin sourit en saisissant
fermement le bras de Nian.
– Si, si, les enfants ont des droits,
madame, et ils ont même le droit
de pleurer parce que ça fait un peu mal…
Mais moins que la piqûre des moustiques,
n'est-ce pas, Nian ?

Déjà piqué, déjà protégé,
Nian n'a rien senti.
– Allez, file ! Vous êtes vraiment
trop nombreux, ce matin !

Anaïs

Grimper aux cordes de la pluie,
pratiquer le saut à la perche avec un pissenlit
par-dessus un bouquet d'orties.
Courir tout autour de sa maison pour créer un courant d'air
capable de faire fuir les nuages trop noirs.
Tirer la langue à la rougeole. Ne jamais connaître
que le S de Sonia, le I de Ida, le D de Diego et le A d'Anaïs.
Dévorer assez de vitamines pour, plus tard,
devenir infirmière ! Comme Anaïs.
Et, comme elle, penser à tout : l'iode, les pansements,
les médicaments gratuits... Avoir tout ça
dans son petit sac rouge et l'emporter avec soi,
partout, toujours, comme Anaïs.
C'est si vite arrivé, un enfant qui perd la santé.
Et peut-être que dans ses poches,
il n'aura pas de sous, juste des trous.
Comme Anaïs quand elle était petite
et que sa maman vendait des petits tas
de sucre roux.

Joachim

Joachim est un Terrien.
20 % des Terriens possèdent à eux seuls
80 % des richesses de la planète,
c'est-à-dire presque tout ce qui peut être
acheté sur la Terre : le sol, l'or,
les maisons solides, les chaises,
les grains de riz, les cure-dents…

Les autres, les plus nombreux,
ne sont propriétaires que des larmes
de leur misère. Et d'un seau.

Baño

10

Mahmoud

Pour les uns, ceux qui n'ont rien,
le droit de ne plus être pauvre, c'est peut-être...
Ah non ! pas le droit de devenir riche, riche comme ça, là, non !
Juste celui de ne plus être pauvre,
de ne plus se sentir coupable de quelque chose,
un peu moins respectable que les autres, d'un autre siècle.

Pour les autres, ceux qui possèdent tant,
le droit de ne plus être que des riches,
c'est peut-être juste le droit d'être solidaires.
Ne plus être la raison des douleurs des plus faibles,
la déraison des lois de l'argent, le visage des injustices
de ce siècle.
Mahmoud a besoin, là, tout de suite,
d'un livre d'astronomie pour lui,
et de six chèvres pour sa mère
qui aime aussi la musique.

Angelita et Ernesto

Chaque enfant a le droit que son pays lui offre l'école,
les cahiers, les livres, les crayons de couleur, l'écoute attentive
– oui, les adultes aussi doivent écouter les enfants –
les encouragements patients, la réprimande parfois
mais toujours respectueuse, l'occasion d'apprendre tout en agissant,
la chance de découvrir tout ce que ne sait pas encore
sa famille ou ce qu'elle ne lui dit pas sur la vie.
Chaque enfant a ce droit.
Mais attention !
Après, il saura lire et écrire
tous ses droits !

POURQUOI
PAS

Diouma, Dior et Dewene

Elles habitent aux portes de la capitale. Jamais elles ne vont y perdre leurs pieds ! Dakar-centre-ville, c'est loin comme Paris-Champs-Élysées ! Et les grandes maisons toutes raides, ce n'est pas pour elles ; les riches ont de drôles de goûts... Les lettres multicolores dans les cheveux, ah! ça, oui ! c'est pour les filles de leur âge et de leur quartier ! À peine 400 francs CFA !
Diouma tire sur les cheveux de Dewene :
– Tu as menti à Maman. Dans tes tresses, tu as choisi les lettres qui écrivent « N-d-i-a-n-g-o-u » !
Dior montre aussitôt du doigt sa sœur :
– Ouh, ouh ! Dewene ! Elle l'aime beaucoup, son Ndiangou...
Les trois sœurs vont à l'école, voilà au moins un de leurs droits respecté !
Et Ndiangou, lui, il sait bien sûr écrire Dewene. Mais qui de tous les quatre deviendra architecte pour faire de belles maisons dans le quartier ?
Le garçon ? Les filles ? Aucun ?
Dewene veut écrire « b-i-e-n-t-ô-t » au bout de ses tresses, mais dans son petit sac de lettres multicolores, elle ne trouve pas de b.

Lisa et Mark

Lisa n'est pas une fille blanche de peau.
C'est d'abord une maligne, une connaisseuse de noms d'oiseaux, une collectionneuse de boîtes à musique et de chewing-gums du monde entier. C'est surtout une sœur casse-pieds.
Son chat s'appelle Dog.

Mark n'est pas un garçon noir de peau.
C'est d'abord un joueur de flûte et de base-ball, un timide et un râleur, l'inventeur du Cocaramel, et un fidèle client de son dentiste. C'est surtout le dompteur de son poisson qui s'appelle Cat.

Mark et Lisa ne sont pas des amoureux,
ne sont des pas-encore-peut-être-bientôt.
Mais ils sont ravis d'avoir trouvé un stylo
qui écrive bien sur leurs deux peaux.

Iqbal et Imra

Qu'est-ce que tu fabriques ici, Iqbal,
dans cette nuit qui sent le cambouis ?
Des pièces de fusée en partance pour la Lune ?
Ou des machines à laver
pour tes habits noirs de crasse ?
Et toi, Imra, mais que fabriques-tu donc ?
De l'or pour sauver le cœur de ta grand-mère ?

Où avez-vous perdu votre cheval bleu ?
Qui a volé ton livre sur les volcans, Iqbal ?
Qui t'éloigne de ta mère, Imra ?
Là-bas, au village, à deux heures de marche
de Barkhan, elle sait faire cuire les galettes
de blé en les laissant à peine brûler,
mais jamais trop.

Trois cents millions d'enfants
sont des travailleurs au lieu d'être des enfants.
Et des petits chevaux bleus
meurent bien avant
d'être devenus vieux.

Bachir et Leïla

Le papier toilette serré en une petite boule
ne suffit pas pour étouffer le long sifflet des roquettes.
Bachir et Leïla collent leurs mains sur leurs oreilles.
Ils se cachent sous la grande couverture jaune.
Ils croient qu'ils ont le droit de lire une bande dessinée
qui parle d'amour sous une couverture
qui ne sent pas encore le feu.

Dehors, ça pue les flammes, la poussière de maison,
les cendres de table, de lit, de tableau doré qui, accroché au mur,
montrait une fontaine où un âne buvait.

Leïla et Bachir ne savent rien de Chahar et Livna
qui, de l'autre côté, se barricadent aussi les oreilles,
sous une autre couverture, avec un autre livre sous les yeux.
Les enfants, d'ici ou d'ailleurs, ont le droit de ne jamais connaître
l'insoutenable fracas de la guerre.
Encore moins cette petite musique douce qui voudrait leur faire croire
qu'elle est parfois nécessaire.
Et les ânes n'ont-ils pas aussi ce droit
quand ils boivent à la fontaine ?

Samir

Samir, sept ans, regarde devant lui, là-bas, au loin.
Et si la guerre n'était qu'un passé, une sale histoire
ancienne que les vieux rabâchent pour parler de la maison
qu'ils ont perdue, autrefois, avant, quand les hommes étaient presque des bêtes ?
Pour Samir, le présent, c'est le ciel devant, loin.
L'an dernier, hier, il y a à peine une demi-heure, tout ça, c'est déjà du passé.
Samir veut partir là-bas, avec ses parents.

– Vite, rejoins-nous, maman ! Je vois du ciel blanc.
Les enfants, il le sait, ont le droit de ne jamais
être séparés de leur famille. Même pas par le bruit
d'une balle. Il leur faut avancer ensemble *cling !*
sur le chemin *clang !*, en chantant la chanson
de la roue *cling !* qui tourne quand même
rond *clang !*

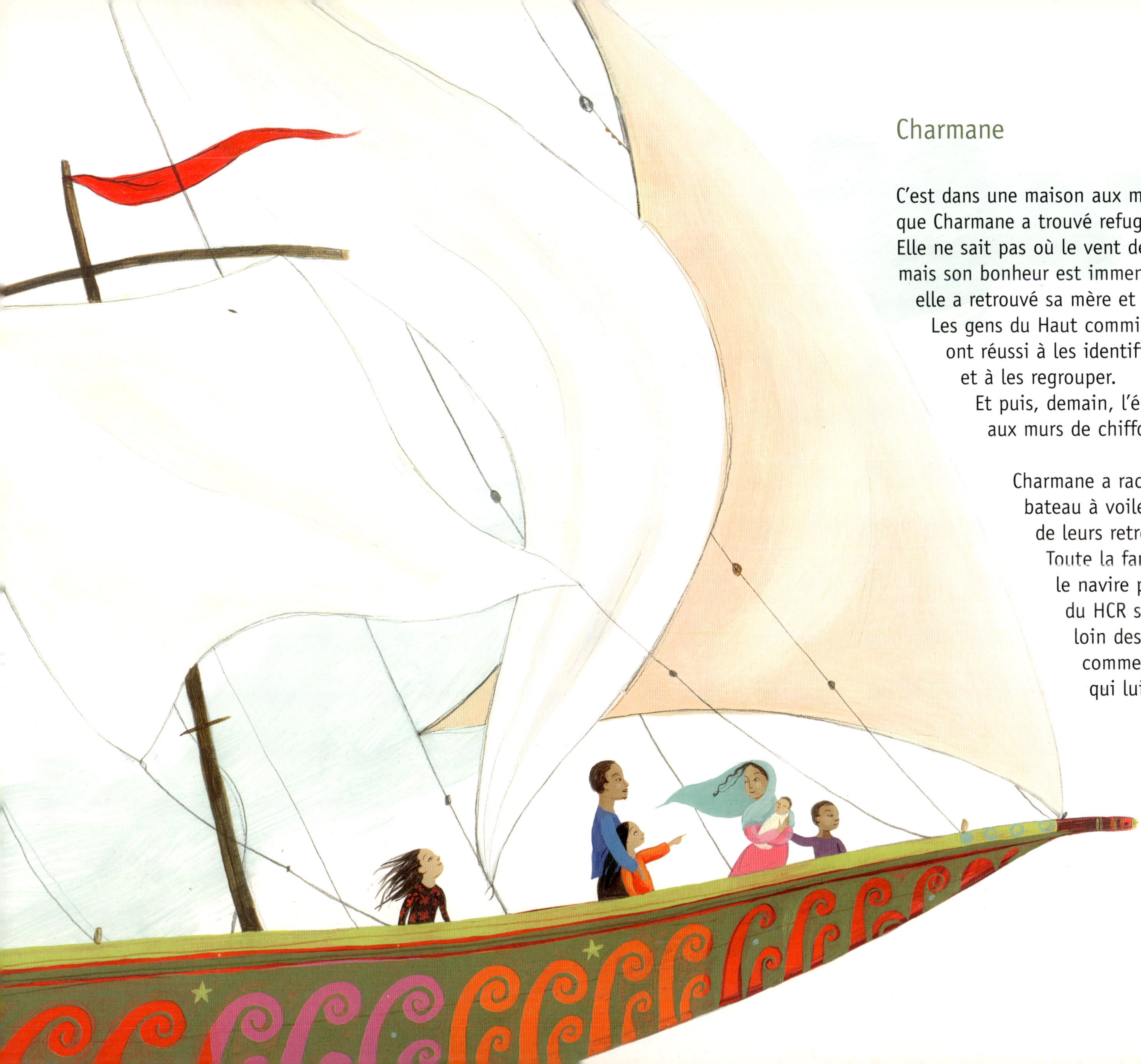

Charmane

C'est dans une maison aux murs en coton
que Charmane a trouvé refuge.
Elle ne sait pas où le vent de la vie l'emportera
mais son bonheur est immense. Depuis une semaine,
elle a retrouvé sa mère et deux de ses sœurs.
Les gens du Haut commissariat aux réfugiés (HCR)
ont réussi à les identifier, sur des photos,
et à les regrouper.
Et puis, demain, l'école va débuter, une école
aux murs de chiffon, elle aussi.

Charmane a raconté à sa mère le grand
bateau à voile qu'elle a vu la nuit
de leurs retrouvailles.
Toute la famille était réunie à bord ;
le navire partait loin des gens
du HCR si attentifs pourtant,
loin des maisons qui se froissent
comme le T-shirt roulé
qui lui sert d'oreiller.

Zola

Viser, tirer. Zola a le droit de viser entre les piquets, de tirer de toutes ses forces, de frapper la balle et de marquer un but. Jamais viser un homme, ni tirer une balle, ni frapper à mort un enfant. Jamais marquer sa joue ou sa vie, même si on lui a dit qu'il a le visage d'un ennemi.

Zola et ses amis ont le droit d'être des enfants, de jouer avec des petits soldats en plastique gris, vert ou noirs. De les lancer en l'air, de leur tordre le cou. Pas le droit d'être des enfants-soldats, en treillis kaki, en haillons parfois, au service des fous.

Ils ont le droit de manger du poulet au piment en famille. De sortir devant la maison. De viser d'un doigt le soleil rougeoyant qui enflamme le lac en se couchant. De tirer un caillou au ras de l'eau et d'obtenir en quelques ricochets un cessez-le-feu doré et scintillant.

Il a le droit d'aller se coucher, Zola. Viser un rêve sur la lune. Tirer le rideau bleu où des timbres-poste du monde entier sont imprimés. Dormir en paix.

Hakim

Hakim n'est pas une fille.
Il a le droit de vouloir que les filles soient ses égales, ses vraies copines,
le même poids sur l'autre siège de la balançoire, l'exacte moitié du melon,
la même quantité d'eau fraîche à aller puiser, le livre que l'on se prête
parce qu'on l'a beaucoup aimé, le pot de confiture de figues partagé, douze pistaches
dans le creux de deux mains réunies, la fanfare dont il n'est pas le chef,
le repas dont elles ne sont pas les seules cuisinières,
la fête dont ils sont ensemble les rois et les reines...
Hakim est un garçon. Il a le droit de penser à toutes les filles de la Terre
en croquant six pistaches.

Mado et compagnie

Mado grandit comme ci.
En croyant au dieu
de ses parents.
Mais elle se bouche
les oreilles quand ils
ne veulent pas qu'elle
sorte sans chaussures
dans la rue.

Katy grandit comme ça,
en ne croyant pas en dieu.
En faisant semblant de lire,
le soir, alors qu'elle pense
juste à sa vie :
elle ne voudrait pas
que ses tortues divorcent,
et que le juge fasse
le contraire
de ce qu'elle veut.

Léopold grandit avec Manda
qui l'a adopté
quand il avait trois ans.
Il ne sait toujours pas
s'il doit l'appeler Maman,
alors il l'appelle Daman.
Amanda sourit.

Cerise ne grandit que le samedi
à la piscine,
quand elle pousse sur ses bras
pour toucher la première
le mur vert amande.

Simon grandit, grandit, grandit...
Toujours être plus grand, le meilleur,
le premier... Il trouve fatigant
de devoir y penser à chaque instant
tout en grandissant.

Mado, Cerise, Léopold,
Simon, Katy,
chacun a bien le droit
de grandir
à sa manière
puisqu'il est unique
sur la Terre.

Flora

Il n'y a pas besoin de comprendre chaque mot
de la Convention des droits de l'enfant
pour bénéficier de sa protection !
Il suffit d'être un enfant ;
c'est-à-dire d'avoir moins de dix-huit ans.
Toute autre considération pour distinguer des enfants
parmi les enfants, pour les trier, les classer, les privilégier,
les léser ou les handicaper
est rigoureusement interdite par la loi.
Alors, entre tranquillité et vigilance,
les sourires peuvent se balancer.

ABCD
ABCD
ABCD

ALICE PLAZA

Linda

Linda prévient toute la vallée :
– Il faut protéger les poupées ! Leur porter secours en priorité !
Contre l'ouragan ou le typhon,
les tremblements de la Terre ou ceux du froid,
il faut mettre à l'abri les poupées.
Des couvertures, du sirop, des précautions.
Des psychologues, des petits cadeaux, de l'ombre caressante
et une barrière de militaires de la paix.
– Il faut tout faire pour sauver les poupées
des enfants de la vallée ! crie Linda.
Elles ont droit à la protection des adultes.
Alors les enfants, vous imaginez...

Nemo

Les frontières du territoire de Nemo n'appartiennent qu'à lui. Elles dessinent exactement l'ombre de son corps. Même entre ses doigts, même entre ses jambes, même autour de chacun de ses cheveux : c'est son pays. Aucune agression extérieure n'est autorisée. Aucune armée n'a le droit de passer cette limite. Ni avec un sourire, ni avec la voix autoritaire d'un adulte. Toute forme de violence sur le fragile pays de Nemo est une déclaration de guerre à l'humanité toute entière.

Benoît

Il a crié qu'il n'aimait pas les sardines. Ils n'ont pas aimé.
Il a essayé d'expliquer comment ça marchait dans « son » tristesse.
Mais ça a fait rire parce qu'on doit dire « sa » tristesse.
Il a commencé à raconter qu'il avait peur de quelqu'un,
mais il était l'heure d'éteindre la lumière.
Il a demandé à son ours malade pourquoi, parfois, les mots qu'il dit
n'arrivent pas dans la tête des grands. Il avait pourtant quelque chose
de très important à dire ce soir.
Il voulait demander si les grandes personnes
ont vraiment le droit
de ne pas écouter Benoît.

Léon, Rachid, Clarisse et Léa

Ils sont nés avec un tout petit bout de nez rempli d'air pur !
S'ils inspirent une voiture, ils la recrachent aussitôt par la bouche ; ils détestent sentir des pneus sales rouler dans leurs narines.
Quand, par mégarde, ils avalent une forêt remplie de caméléons, de grenouilles et de papillons, ils la recrachent aussitôt par le nez pour sauver la peau des arbres et des animaux.

Parfois même, Léon, Rachid, Clarisse et Léa s'imaginent qu'un immense ours polaire les protège du froid, du chaud, de la fumée et du bruit. Un ours éternel.

Sébasto

La télévision a fait croire à Sébasto
que, du haut de ses vingt-huit centimètres,
Super K-Boss distribue de véritables
pouvoirs : marcher sous l'eau, manger
des camions rouges, voler...
Sébasto a fait croire à ses parents
qu'en achetant Super K-Boss, ils auraient
droit à un sachet de nouilles
pour leur grenouille, et un sourire
gratuit (le sien).
Les parents de Sébasto ont fait croire
au marchand qu'ils avaient assez
d'argent pour payer en une seule fois...
Mais c'était sans compter les factures
de Noël dernier.

Il était une fois Super K-Boss
qui a vraiment le pouvoir de voler !
Au secours, les enfants !
Super K-Boss vole dans vos poches !
Rangez vos sous
et vos petits camions rouges !
Et s'il vient encore vous chanter
sa publicité, vous avez le droit
de le K-bosser !

Cashier
Le toboggan

Aglaé

Aglaé l'araignée a fini sa journée d'écolière.
Elle chantonne la leçon de son grand-père,
celui qui ne s'amusait pas assez
quand il était enfant :
« C'est en travaillant qu'on devient travailleur...
C'est en jouant qu'on devient joyeux...
C'est en ayant des loisirs qu'on devient oiseau-lyre...
C'est en étant enfin araignée
qui grimpe au ciel
qu'on devient enfant qui sait voler
de ses propres ailes ! »
– Allez, plus haut, Aglaé ! L'éléphant va arriver !

Paco

Paco hésite. Il se demande s'il vaut mieux peindre en écoutant
de la musique ou jouer de la musique en regardant des peintures.
Un vrai problème pour Paco, qui n'arrive pas
à tout faire en même temps.
En jouant une note longue et essoufflée,
Paco apprend la nostalgie.
En étalant une couleur rouge et pâle,
Paco apprend la colère retenue.
En inventant la danse de l'ombre,
il apprend la chorégraphie à sa mélancolie.
Après tant d'investissements,
Paco sera un adulte richissime !

Mikos

– Qui peut marcher sur la Lune et éclabousser
tous les chats de la galaxie ?
– Un général en civil ?
– Non ! Qui peut marcher dans une flaque d'or
pour que tous les enfants en reçoivent une goutte ?
– Un businessman en folie ?

– Non, non ! Qui est capable de marcher
dans une flaque de crottes pour que
la mauvaise odeur repousse la malchance ?
– Une directrice d'école ?
– Oh non, non, non ! Qui peut postillonner
des rires sans mettre sa main devant la bouche ?!
– Mikos !
– Ouiii ! Et qui se permet d'ajouter :
« Heureusement qu'il est là, celui-là » ?
– Ses amis qui ont reçu la douche !

Naïma, Clarisse et Victor

Laisser s'échapper un oiseau d'une cage,
ce n'est pas un droit, c'est une bêtise.
En revanche, pour l'oiseau, c'est une chance.
Il va pouvoir visiter le ciel, ou dire :
« Eho ! J'existe, je veux manger des cerises
et boire aux cascades. »
Il n'y a pas que les oiseaux, les enfants aussi
ont le droit de s'exprimer ! De piailler fort.
De dire au monde qui les a fait naître :
« Nous sommes Naïma, Clarisse et Victor,
et nous n'avons pas fini d'ouvrir des cages ! »
Et ils ne sont pas seuls !
Des adultes sont à leurs côtés.
Avec eux, ils crient :
– Il y a urgence ! Bientôt Naïma, Clarisse et Victor
ne seront plus des enfants.
Il faut libérer les oiseaux
avant qu'ils ne soient plus des oiseaux.
Respecter la parole donnée aux enfants
tant qu'ils sont des enfants.
– Ça va, Naïma ?
– Ça presse...

Convention internationale relative aux droits de l'enfant

ADOPTÉE PAR L'ONU, LE 20 NOVEMBRE 1989

Texte intégral

Préambule

Les États parties à la présente Convention,

Considérant que, conformément aux principes proclamés dans la Charte des Nations Unies, la reconnaissance de la dignité inhérente à tous les membres de la famille humaine ainsi que l'égalité et le caractère inaliénable de leurs droits sont le fondement de la liberté, de la justice et de la paix dans le monde,

Ayant à l'esprit le fait que les peuples des Nations Unies ont, dans la Charte, proclamé à nouveau leur foi dans les droits fondamentaux de l'Homme et dans la dignité et la valeur de la personne humaine, et qu'ils ont résolu de favoriser le progrès social et d'instaurer de meilleures conditions de vie dans une liberté plus grande,

Reconnaissant que les Nations Unies, dans la Déclaration universelle des droits de l'Homme et dans les pactes internationaux relatifs aux droits de l'Homme, ont proclamé et sont convenues que chacun peut se prévaloir de tous les droits et de toutes les libertés qui y sont énoncés, sans distinction aucune, notamment de race, de couleur, de sexe, de langue, de religion, d'opinion politique ou de toute autre opinion, d'origine nationale ou sociale, de fortune, de naissance ou de toute autre situation,

Rappelant que, dans la Déclaration universelle des droits de l'Homme, les Nations Unies ont proclamé que l'enfance a droit à une aide et à une assistance spéciales,

Convaincus que la famille, unité fondamentale de la société et milieu naturel pour la croissance et le bien-être de tous ses membres et en particulier des enfants, doit recevoir la protection et l'assistance dont elle a besoin pour pouvoir jouer pleinement son rôle dans la communauté,

Reconnaissant que l'enfant, pour l'épanouissement harmonieux de sa personnalité, doit grandir dans le milieu familial, dans un climat de bonheur, d'amour et de compréhension,

Considérant qu'il importe de préparer pleinement l'enfant à avoir une vie individuelle dans la société, et de l'élever dans l'esprit des idéaux proclamés dans la Charte des Nations Unies, et en particulier dans un esprit de paix, de dignité, de tolérance, de liberté, d'égalité et de solidarité,

Ayant à l'esprit que la nécessité d'accorder une protection spéciale à l'enfant a été énoncée dans la Déclaration de Genève de 1924 sur les droits de l'enfant et dans la Déclaration des droits de l'enfant adoptée par l'Assemblée générale le 20 novembre 1959, et qu'elle a été reconnue dans la Déclaration universelle des droits de l'Homme, dans le Pacte international relatif aux droits civils et politiques (en particulier aux articles 23 et 24), dans le Pacte international relatif aux droits économiques, sociaux et culturels (en particulier à l'article 10) et dans les statuts et instruments pertinents des institutions spécialisées et des organisations internationales qui se préoccupent du bien-être de l'enfant,

Ayant à l'esprit que, comme indiqué dans la Déclaration des droits de l'enfant, « l'enfant, en raison de son manque de maturité physique et intellectuelle, a besoin d'une protection spéciale et de soins spéciaux, notamment d'une protection juridique appropriée, avant comme après la naissance »,

Rappelant les dispositions de la Déclaration sur les principes sociaux et juridiques applicables à la protection et au bien- être des enfants, envisagés surtout sous l'angle des pratiques en matière d'adoption et de placement familial sur les plans national et international, de l'Ensemble de règles minima des Nations Unies concernant l'administration de la justice pour mineurs (Règles de Beijing) et de la Déclaration sur la protection des femmes et des enfants en période d'urgence et de conflit armé,

Reconnaissant qu'il y a dans tous les pays du monde des enfants qui vivent dans des conditions particulièrement difficiles, et qu'il est nécessaire d'accorder à ces enfants une attention particulière,

Tenant dûment compte de l'importance des traditions et valeurs culturelles de chaque peuple dans la protection et le développement harmonieux de l'enfant,

Reconnaissant l'importance de la coopération internationale pour l'amélioration des conditions de vie des enfants dans tous les pays, en particulier dans les pays en développement,

Sont convenus de ce qui suit :

Article premier

— Au sens de la présente Convention, un **enfant** s'entend de tout être humain âgé de moins de dix-huit ans, sauf si la majorité est atteinte plus tôt en vertu de la législation qui lui est applicable.

Art. 2

— 1. Les États parties s'engagent à respecter les **droits** qui sont énoncés dans la présente Convention et à les garantir à tout enfant relevant de leur juridiction, sans **distinction aucune**, indépendamment de toute considération de race, de couleur, de sexe, de langue, de religion, d'opinion politique ou autre de l'enfant ou de ses parents ou représentants légaux, de leur origine nationale, ethnique ou sociale, de leur situation de fortune, de leur incapacité, de leur naissance ou de toute autre situation.

— 2. Les États parties prennent toutes les mesures appropriées pour que l'enfant soit effectivement **protégé** contre toutes formes de discrimination ou de sanction motivées par la situation juridique, les activités, les opinions déclarées ou les convictions de ses parents, de ses représentants légaux ou des membres de sa famille.

Art. 3

— 1. Dans toutes les décisions qui concernent les enfants, qu'elles soient le fait des institutions publiques ou privées de protection sociale, des tribunaux, des autorités administratives ou des organes législatifs, l'intérêt supérieur de l'enfant doit être une considération primordiale.

— 2. Les États parties s'engagent à assurer à l'enfant la protection et les soins nécessaires à son bien-être, compte tenu des droits et des devoirs de ses parents, de ses tuteurs ou des autres personnes légalement responsables de lui, et ils prennent à cette fin toutes les mesures législatives et administratives appropriées.

— 3. Les États parties veillent à ce que le fonctionnement des institutions, services et établissements qui ont la charge des enfants et assurent leur protection soit conforme aux normes fixées par les autorités compétentes, particulièrement dans le domaine de la sécurité et de la santé et en ce qui concerne le nombre et la compétence de leur personnel ainsi que l'existence d'un contrôle approprié.

Art. 4

— Les États parties s'engagent à prendre toutes les mesures législatives, administratives et autres qui sont nécessaires pour mettre en œuvre les droits reconnus dans la présente Convention. Dans le cas des droits économiques, sociaux et culturels, ils prennent ces mesures dans toutes les limites des ressources dont ils disposent et, s'il y a lieu, dans le cadre de la coopération internationale.

Art. 5

— Les États parties respectent la responsabilité, le droit et le devoir qu'ont les parents ou, le cas échéant, les membres de la famille élargie ou de la communauté, comme prévu par la coutume locale, les tuteurs ou autres personnes légalement responsables de l'enfant, de donner à celui-ci, d'une manière qui corresponde au développement de ses capacités, l'orientation et les conseils appropriés à l'exercice des droits.

Art. 6

— 1. Les États parties reconnaissent que tout enfant a un droit inhérent à la vie

— 2. Les États parties assurent dans toute la mesure possible la survie et le développement de l'enfant.

Art. 7

— 1. L'enfant est enregistré aussitôt sa naissance et a dès celle-ci le droit à un nom, le droit d'acquérir une nationalité et, dans la mesure du possible, le droit de connaître ses parents et d'être élevé par eux.

— 2. Les États parties veillent à mettre ces droits en œuvre conformément à leur législation nationale et aux obligations que leur imposent les instruments internationaux applicables en la matière, en particulier dans les cas où faute de cela l'enfant se trouverait apatride.

Art. 8

— 1. Les États parties s'engagent à respecter le droit de l'enfant de préserver son identité, y compris sa nationalité, son nom et ses relations familiales, tels qu'ils sont reconnus par la loi, sans ingérence illégale.

— 2. Si un enfant est illégalement privé des éléments constitutifs de son identité ou de certains d'entre eux, les États parties doivent lui accorder une assistance et une protection appropriées, pour que son identité soit rétablie aussi rapidement que possible.

Art. 9

— 1. Les États parties veillent à ce que l'enfant ne soit pas séparé de ses parents contre leur gré, à moins que les autorités compétentes ne décident, sous réserve de révision judiciaire et conformément aux lois et procédures applicables, que cette séparation est nécessaire dans l'intérêt supérieur de l'enfant. Une décision en ce sens peut être nécessaire dans certains cas particuliers, par exemple lorsque les parents maltraitent ou négligent l'enfant, ou lorsqu'ils vivent séparément et qu'une décision doit être prise au sujet du lieu de résidence de l'enfant.

— 2. Dans tous les cas prévus au paragraphe 1, toutes les parties intéressées doivent avoir la possibilité de participer aux délibérations et de faire connaître leurs vues.

— 3. Les États parties respectent le droit de l'enfant séparé de ses deux parents d'entretenir régulièrement des relations personnelles et des contacts directs avec ses deux parents, sauf si cela est contraire à l'intérêt supérieur de l'enfant.

— 4. Lorsque la séparation résulte de mesures prises par un État partie, telles que la détention, l'emprisonnement, l'exil, l'expulsion ou la mort (y compris la mort, quelle qu'en soit la cause, survenue en cours de détention) des deux parents ou de l'un d'eux, ou de l'enfant, l'État partie donne sur demande aux parents, à l'enfant ou, s'il y a lieu, à un autre membre de la famille les renseignements essentiels sur le lieu où se trouvent le membre ou les membres de la famille, à moins que la divulgation de ces renseignements ne soit préjudiciable au bien-être de l'enfant. Les États parties veillent en outre à ce que la présentation d'une telle demande n'entraîne pas en elle-même de conséquences fâcheuses pour la personne ou les personnes intéressées.

Art. 10

— 1. Conformément à l'obligation incombant aux États parties en vertu du paragraphe 1 de l'article 9, toute demande faite par un enfant ou ses parents en vue d'entrer dans un État partie ou de le quitter aux fins de réunification familiale est considérée par les États parties, dans un esprit positif, avec humanité et diligence. Les États parties veillent en outre à ce que la présentation d'une telle demande n'entraîne pas de conséquences fâcheuses pour les auteurs de la demande et les membres de leurs familles.

— 2. Un enfant dont les parents résident dans des États différents a le droit d'entretenir, sauf circonstances exceptionnelles, des relations personnelles et des contacts directs réguliers avec ses deux parents. À cette fin, et conformément à l'obligation incombant aux États parties en vertu du paragraphe 2 de l'article 9, les États parties respectent le droit qu'ont l'enfant et ses parents de quitter tout pays, y compris le leur, et de revenir dans leur propre pays. Le droit de quitter tout pays ne peut faire l'objet que des restrictions prescrites par la loi qui sont nécessaires pour protéger la sécurité nationale, l'ordre public, la santé ou la moralité publiques, ou les droits et libertés d'autrui, et qui sont compatibles avec les autres droits reconnus dans la présente Convention.

Art. 11

— 1. Les États parties prennent des mesures pour lutter contre les déplacements et les non-retours illicites d'enfants à l'étranger.

— 2. À cette fin, les États parties favorisent la conclusion d'accords bilatéraux ou multilatéraux ou l'adhésion aux accords existants.

Art. 12

— 1. Les États parties garantissent à l'enfant qui est capable de discernement le droit d'exprimer librement son opinion sur toute question l'intéressant, les opinions de l'enfant étant dûment prises en considération eu égard à son âge et à son degré de maturité.

— 2. À cette fin, on donnera notamment à l'enfant la possibilité d'être entendu dans toute procédure judiciaire ou administrative l'intéressant, soit directement, soit par l'intermédiaire d'un représentant ou d'un organisme approprié, de façon compatible avec les règles de procédure de la législation nationale.

Art. 13

— 1. L'enfant a droit à la liberté d'expression. Ce droit comprend la liberté de rechercher, de recevoir et de répandre des informations et des idées de toute espèce, sans considération de frontières, sous une forme orale, écrite, imprimée ou artistique, ou par tout autre moyen du choix de l'enfant.

— 2. L'exercice de ce droit ne peut faire l'objet que des seules restrictions qui sont prescrites par la loi et qui sont nécessaires :

a) Au respect des droits ou de la réputation d'autrui ; ou

b) À la sauvegarde de la sécurité nationale, de l'ordre public, de la santé ou de la moralité publiques.

Art. 14

— 1. Les États parties respectent le droit de l'enfant à la liberté de pensée, de conscience et de religion.

— 2. Les États parties respectent le droit et le devoir des parents ou, le cas échéant, des représentants légaux de l'enfant, de guider celui-ci dans l'exercice du droit susmentionné d'une manière qui corresponde au développement de ses capacités.

— 3. La liberté de manifester sa religion ou ses convictions ne peut être soumise qu'aux seules restrictions qui sont prescrites par la loi et qui sont nécessaires pour préserver la sûreté publique, l'ordre public, la santé et la moralité publiques, ou les libertés et droits fondamentaux d'autrui.

Art. 15

— 1. Les États parties reconnaissent les droits de l'enfant à la liberté d'association et à la liberté de réunion pacifique.

— 2. L'exercice de ces droits ne peut faire l'objet que des seules restrictions qui sont prescrites par la loi et qui sont nécessaires dans une société démocratique, dans l'intérêt de la sécurité nationale, de la sûreté publique ou de l'ordre public, ou pour protéger la santé ou la moralité publiques, ou les droits et libertés d'autrui.

Art. 16

— 1. Nul enfant ne fera l'objet d'immixtions arbitraires ou illégales dans sa vie privée, sa famille, son domicile ou sa correspondance, ni d'atteintes illégales à son honneur et à sa réputation.

— 2. L'enfant a droit à la protection de la loi contre de telles immixtions ou de telles atteintes.

Art. 17

— Les États parties reconnaissent l'importance de la fonction remplie par les médias et veillent à ce que l'enfant ait accès à une information et à des matériels provenant de sources nationales et internationales diverses, notamment ceux qui visent à promouvoir son bien-être social, spirituel et moral ainsi que sa santé physique et mentale. À cette fin, les États parties :

a) Encouragent les médias à diffuser une information et des matériels qui présentent une utilité sociale et culturelle pour l'enfant et répondent à l'esprit de l'article 29 ;

b) Encouragent la coopération internationale en vue de produire, d'échanger et de diffuser une information et des matériels de ce type provenant de différentes sources culturelles, nationales et internationales ;

c) Encouragent la production et la diffusion de livres pour enfants ;

d) Encouragent les médias à tenir particulièrement compte des besoins linguistiques des enfants autochtones ou appartenant à un groupe minoritaire ;

e) Favorisent l'élaboration de principes directeurs appropriés destinés à protéger l'enfant contre l'information et les matériels qui nuisent à son bien-être, compte tenu des dispositions des articles 13 et 18.

Art. 18

— 1. Les États parties s'emploient de leur mieux à assurer la reconnaissance du principe selon lequel les deux parents ont une responsabilité commune pour ce qui est d'élever l'enfant et d'assurer son développement. La responsabilité d'élever l'enfant et d'assurer son développement incombe au premier chef aux parents ou, le cas échéant, à ses représentants légaux. Ceux-ci doivent être guidés avant tout par l'intérêt supérieur de l'enfant.

— 2. Pour garantir et promouvoir les droits énoncés dans la présente Convention, les États parties accordent l'aide appropriée aux parents et aux représentants légaux de l'enfant dans l'exercice de la responsabilité qui leur incombe d'élever l'enfant et assurent la mise en place d'institutions, d'établissements et de services chargés de veiller au bien-être des enfants.

— 3. Les États parties prennent toutes les mesures appropriées pour assurer aux enfants dont les parents travaillent le droit de bénéficier des services et établissements de garde d'enfants pour lesquels ils remplissent les conditions requises.

Art. 19

— 1. Les États parties prennent toutes les mesures législatives, administratives, sociales et éducatives appropriées pour protéger l'enfant contre toutes formes de violence, d'atteinte ou de brutalités physiques ou mentales, d'abandon ou de négligence, de mauvais traitements ou d'exploitation, y compris la violence sexuelle, pendant qu'il est sous la garde de ses parents ou de l'un d'eux, de son ou ses représentants légaux ou de toute autre personne à qui il est confié.

— 2. Ces mesures de protection comprendront, selon qu'il conviendra, des procédures efficaces pour l'établissement

de programmes sociaux visant à fournir l'appui nécessaire à l'enfant et à ceux à qui il est confié, ainsi que pour d'autres formes de prévention, et aux fins d'identification, de rapport, de renvoi, d'enquête, de traitement et de suivi pour les cas de mauvais traitements de l'enfant décrits ci-dessus, et comprendre également, selon qu'il conviendra, des procédures d'intervention judiciaire.

Art. 20

— 1. Tout enfant qui est temporairement ou définitivement privé de son milieu familial, ou qui dans son propre intérêt ne peut être laissé dans ce milieu, a droit à une protection et une aide spéciales de l'État.

— 2. Les États parties prévoient pour cet enfant une protection de remplacement conforme à leur législation nationale.

— 3. Cette protection de remplacement peut notamment avoir la forme du placement dans une famille, de la « Kafala » de droit islamique, de l'adoption ou, en cas de nécessité, du placement dans un établissement pour

enfants approprié. Dans le choix entre ces solutions, il est dûment tenu compte de la nécessité d'une certaine continuité dans l'éducation de l'enfant, ainsi que de son origine ethnique, religieuse, culturelle et linguistique.

Art. 21

— Les États parties qui admettent et/ou autorisent l'adoption s'assurent que l'intérêt supérieur de l'enfant est la considération primordiale en la matière, et :

a) Veillent à ce que l'adoption d'un enfant ne soit autorisée que par les autorités compétentes, qui vérifient, conformément à la loi et aux procédures applicables et sur la base de tous les renseignements fiables relatifs au cas considéré, que l'adoption peut avoir lieu eu égard à la situation de l'enfant par rapport à ses père et mère, parents et représentants légaux et que, le cas échéant, les personnes intéressées ont donné leur consentement à l'adoption en connaissance de cause, après s'être entourées des avis nécessaires ;

b) Reconnaissent que l'adoption à l'étranger peut être envisagée comme un autre moyen d'assurer les soins nécessaires à l'enfant, si celui-ci ne peut, dans son pays d'origine, être placé dans une famille nourricière ou adoptive ou être convenablement élevé ;

c) Veillent, en cas d'adoption à l'étranger, à ce que l'enfant ait le bénéfice de garanties et de normes équivalant à celles existant en cas d'adoption nationale ;

d) Prennent toutes les mesures appropriées pour veiller à ce que, en cas d'adoption à l'étranger, le placement de l'enfant ne se traduise pas par un profit matériel indu pour les personnes qui en sont responsables ;

e) Poursuivent les objectifs du présent article en concluant des arrangements ou des accords bilatéraux ou multilatéraux, selon les cas, et s'efforcent dans ce cadre de veiller à ce que les placements d'enfants à l'étranger soient effectués par des autorités ou des organes compétents.

Art. 22

— 1. Les États parties prennent les mesures appropriées pour qu'un enfant qui cherche à obtenir le statut de réfugié ou qui est considéré comme réfugié en vertu des règles et procédures du droit international ou national applicable, qu'il soit seul ou accompagné de ses père et mère ou de toute autre personne, bénéficie de la protection et de l'assistance humanitaire voulues pour lui permettre de jouir des droits que lui reconnaissent la présente Convention et les autres instruments internationaux relatifs aux droits de l'homme ou de caractère humanitaire auxquels lesdits États sont parties.

— 2. À cette fin, les États parties collaborent, selon qu'ils le jugent nécessaire, à tous les efforts faits par l'Organisation des Nations Unies et les autres organisations inter-gouvernementales ou non gouvernementales compétentes collaborant avec l'Organisation des Nations Unies pour protéger et aider les enfants qui se trouvent en pareille situation et pour rechercher les père et mère ou autres membres de la famille de tout enfant réfugié en vue d'obtenir les renseignements nécessaires pour le réunir à sa famille. Lorsque ni le père, ni la mère, ni aucun autre membre de la famille ne peut être retrouvé, l'enfant se voit accorder, selon les principes énoncés dans la présente Convention, la même protection que tout autre enfant définitivement ou temporairement privé de son milieu familial pour quelque raison que ce soit.

Art. 23

— 1. Les États parties reconnaissent que les enfants mentalement ou physiquement handicapés doivent mener une vie pleine et décente, dans des conditions qui garantissent leur dignité, favorisent leur autonomie et facilitent leur participation active à la vie de la collectivité.

— 2. Les États parties reconnaissent le droit des enfants handicapés de bénéficier de soins spéciaux et encouragent et assurent, dans la mesure des ressources disponibles, l'octroi, sur demande, aux enfants handicapés remplissant les conditions requises et à ceux qui en ont la charge, d'une aide adaptée à l'état de l'enfant et à la situation de ses parents ou de ceux à qui il est confié.

— 3. Eu égard aux besoins particuliers des enfants handicapés, l'aide fournie conformément au paragraphe 2 est gratuite chaque fois qu'il est possible, compte tenu des ressources financières de leurs parents ou de ceux à qui l'enfant est confié, et elle est conçue de telle sorte que les enfants handicapés aient effectivement accès à l'éducation, à la formation, aux soins de santé, à la rééducation, à la préparation à l'emploi et aux activités récréatives, et bénéficient de ces services de façon propre à assurer une intégration sociale aussi complète que possible et leur épanouissement personnel, y compris dans le domaine culturel et spirituel.

— 4. Dans un esprit de coopération internationale, les États parties favorisent l'échange d'informations pertinentes dans le domaine des soins de santé préventifs et du traitement médical, psychologique et fonctionnel des enfants handicapés, y compris par la diffusion d'informations concernant les méthodes de rééducation et les services de formation professionnelle, ainsi que l'accès à ces données, en vue de permettre aux États parties d'améliorer leurs capacités et leurs compétences et d'élargir leur expérience dans ces domaines. À cet égard, il est tenu particulièrement compte des besoins des pays en développement.

Art. 24

— 1. Les États parties reconnaissent le droit de l'enfant de jouir du meilleur état de santé possible et de bénéficier de services médicaux et de rééducation. Ils s'efforcent de garantir qu'aucun enfant ne soit privé du droit d'avoir accès à ces services.

— 2. Les États parties s'efforcent d'assurer la réalisation intégrale du droit susmentionné et, en particulier, prennent les mesures appropriées pour :

a) Réduire la mortalité parmi les nourrissons et les enfants ;

b) Assurer à tous les enfants l'assistance médicale et les soins de santé nécessaires, l'accent étant mis sur le développement des soins de santé primaires ;

c) Lutter contre la maladie et la malnutrition, y compris dans le cadre des soins de santé primaires, grâce notamment à l'utilisation de techniques aisément disponibles et à la fourniture d'aliments nutritifs et d'eau potable, compte tenu des dangers et des risques de pollution du milieu naturel ;

d) Assurer aux mères des soins prénatals et postnatals appropriés ;

e) Faire en sorte que tous les groupes de la société, en particulier les parents et les enfants, reçoivent une information sur la santé et la nutrition de l'enfant, les avantages de l'allaitement au sein, l'hygiène et la salubrité de l'environnement et la prévention des accidents, et bénéficient d'une aide leur permettant de mettre à profit cette information ;

f) Développer les soins de santé préventifs, les conseils aux parents et l'éducation et les services en matière de planification familiale.

— 3. Les États parties prennent toutes les mesures efficaces appropriées en vue d'abolir les pratiques traditionnelles préjudiciables à la santé des enfants.

— 4. Les États parties s'engagent à favoriser et à encourager la coopération internationale en vue d'assurer progressivement la pleine réalisation du droit reconnu dans le présent article À cet égard, il est tenu particulièrement compte des besoins des pays en développement.

Art. 25

— Les États parties reconnaissent à l'enfant qui a été placé par les autorités compétentes pour recevoir des soins, une protection ou un traitement physique ou mental, le droit à un examen périodique dudit traitement et de toute autre circonstance relative à son placement.

Art. 26

— 1. Les États parties reconnaissent à tout enfant le droit de bénéficier de la sécurité sociale, y compris les assurances sociales, et prennent les mesures nécessaires pour assurer la pleine réalisation de ce droit en conformité avec leur législation nationale.

— 2. Les prestations doivent, lorsqu'il y a lieu, être accordées compte tenu des ressources et de la situation de l'enfant et des personnes responsables de son entretien, ainsi que de toute autre considération applicable à la demande de prestation faite par l'enfant ou en son nom.

Art. 27

— 1. Les États parties reconnaissent le droit de tout enfant à un niveau de vie suffisant pour permettre son développement physique, mental, spirituel, moral et social.

— 2. C'est aux parents ou autres personnes ayant la charge de l'enfant qu'incombe au premier chef la responsabilité d'assurer, dans les limites de leurs possibilités et de leurs moyens financiers, les conditions de vie nécessaires au développement de l'enfant.

— 3. Les États parties adoptent les mesures appropriées, compte tenu des conditions nationales et dans la mesure de leurs moyens, pour aider les parents et autres personnes ayant la charge de l'enfant à mettre en œuvre ce droit et offrent, en cas de besoin, une assistance matérielle et des programmes d'appui, notamment en ce qui concerne l'alimentation, le vêtement et le logement.

— 4. Les États parties prennent toutes les mesures appropriées en vue d'assurer le recouvrement de la pension alimentaire de l'enfant auprès de ses parents ou des autres personnes ayant une responsabilité financière à son égard, que ce soit sur leur territoire ou à l'étranger. En particulier, pour tenir compte des cas où la personne qui a une responsabilité financière à l'égard de l'enfant vit dans un État autre que celui de l'enfant, les États parties favorisent l'adhésion à des accords internationaux ou la conclusion de tels accords ainsi que l'adoption de tous autres arrangements appropriés.

Art. 28

— 1. Les États parties reconnaissent le droit de l'enfant à l'éducation, et en particulier, en vue d'assurer l'exercice de ce droit progressivement et sur la base de l'égalité des chances :

a) Ils rendent l'enseignement primaire obligatoire et gratuit pour tous ;

b) Ils encouragent l'organisation de différentes formes d'enseignement secondaire, tant général que professionnel, les rendent ouvertes et accessibles à tout enfant, et prennent des mesures appropriées telles que l'instauration de la gratuité de l'enseignement et l'offre d'une aide financière en cas de besoin ;

c) Ils assurent à tous l'accès à l'enseignement supérieur, en fonction des capacités de chacun, par tous les moyens appropriés ;

d) Ils rendent ouvertes et accessibles à tout enfant l'information et l'orientation scolaires et professionnelles ;

e) Ils prennent des mesures pour encourager la régularité de la fréquentation scolaire et la réduction des taux d'abandon scolaire.

— 2. Les États parties prennent toutes les mesures appropriées pour veiller à ce que la discipline scolaire soit appliquée d'une manière compatible avec la dignité de l'enfant en tant qu'être humain et conformément à la présente Convention.

— 3. Les États parties favorisent et encouragent la coopération internationale dans le domaine de l'éducation, en vue notamment de contribuer à éliminer l'ignorance et l'analphabétisme dans le monde et de faciliter l'accès aux

connaissances scientifiques et techniques et aux méthodes d'enseignement modernes. À cet égard, il est tenu particulièrement compte des besoins des pays en développement.

Art. 29

— 1. Les États parties conviennent que l'éducation de l'enfant doit :

a) Favoriser l'épanouissement de la personnalité de l'enfant et le développement de ses dons et de ses aptitudes mentales et physiques, dans toute la mesure de leurs potentialités ;

b) Inculquer à l'enfant le respect des droits de l'homme et des libertés fondamentales, et des principes consacrés dans la Charte des Nations Unies ;

c) Inculquer à l'enfant le respect de ses parents, de son identité, de sa langue et de ses valeurs culturelles, ainsi que le respect des valeurs nationales du pays dans lequel il vit, du pays duquel il peut être originaire et des civilisations différentes de la sienne ;

d) Préparer l'enfant à assumer les responsabilités de la vie dans une société libre, dans un esprit de compréhension, de paix, de tolérance, d'égalité entre les sexes et d'amitié entre tous les peuples et groupes ethniques, nationaux et religieux, et avec les personnes d'origine autochtone ;

e) Inculquer à l'enfant le respect du milieu naturel.

— 2. Aucune disposition du présent article ou de l'article 28 ne sera interprétée d'une manière qui porte atteinte à la liberté des personnes physiques ou morales de créer et de diriger des établissements d'enseignement, à condition que les principes énoncés au paragraphe 1 du présent article soient respectés et que l'éducation dispensée dans ces établissements soit conforme aux normes minimales que l'État aura prescrites.

Art. 30

— Dans les États où il existe des minorités ethniques, religieuses ou linguistiques ou des personnes d'origine autochtone, un enfant autochtone ou appartenant à une de ces minorités ne peut être privé du droit d'avoir sa propre vie culturelle de professer et de pratiquer sa propre religion ou d'employer sa propre langue en commun avec les autres membres de son groupe.

Art. 31

— 1. Les États parties reconnaissent à l'enfant le droit au repos et aux loisirs, de se livrer au jeu et à des activités récréatives propres à son âge, et de participer librement à la vie culturelle et artistique.

— 2. Les États parties respectent et favorisent le droit de l'enfant de participer pleinement à la vie culturelle et artistique, et encouragent l'organisation à son intention de moyens appropriés de loisirs et d'activités récréatives, artistiques et culturelles, dans des conditions d'égalité.

Art. 32

— 1. Les États parties reconnaissent le droit de l'enfant d'être protégé contre l'exploitation économique et de n'être astreint à aucun travail comportant des risques ou susceptible de compromettre son éducation ou de nuire à sa santé ou à son développement physique, mental, spirituel, moral ou social.

— 2. Les États parties prennent des mesures législatives, administratives, sociales et éducatives, pour assurer l'application du présent article. À cette fin, et compte tenu des dispositions pertinentes des autres instruments internationaux, les États parties, en particulier :

a) Fixent un âge minimum ou des âges minimums d'admission à l'emploi ;

b) Prévoient une réglementation appropriée des horaires de travail et des conditions d'emploi ;

c) Prévoient des peines ou autres sanctions appropriées pour assurer l'application effective du présent article.

Art. 33

— Les États parties prennent toutes les mesures appropriées, y compris des mesures législatives, administratives, sociales et éducatives, pour protéger les enfants contre l'usage illicite de stupéfiants et de substances psychotropes, tels que les définissent les conventions internationales pertinentes, et pour empêcher que des enfants ne soient utilisés pour la production et le trafic illicites de ces substances.

Art. 34

— Les États parties s'engagent à protéger l'enfant contre toutes les formes d'exploitation sexuelle et de violence sexuelle. À cette fin, les États prennent en particulier toutes les mesures appropriées sur les plans national, bilatéral et multilatéral pour empêcher :

a) Que des enfants ne soient incités ou contraints à se livrer à une activité sexuelle illégale ;

b) Que des enfants ne soient exploités à des fins de prostitution ou autres pratiques sexuelles illégales ;

c) Que des enfants ne soient exploités aux fins de la production de spectacles ou de matériel de caractère pornographique.

Art. 35

— Les États parties prennent toutes les mesures appropriées sur les plans national, bilatéral et multilatéral pour empêcher l'enlèvement, la vente ou la traite d'enfants à quelque fin que ce soit et sous quelque forme que ce soit.

Art. 36

— Les États parties protègent l'enfant contre toutes autres formes d'exploitation préjudiciables à tout aspect de son bien-être.

Art. 37

— Les États parties veillent à ce que :

a) Nul enfant ne soit soumis à la torture ni à des peines ou traitements cruels, inhumains ou dégradants : ni la peine capitale ni l'emprisonnement à vie sans possibilité de libération ne doivent être prononcés pour les infractions commises par des personnes âgées de moins de 18 ans ;

b) Nul enfant ne soit privé de liberté de façon illégale ou arbitraire : l'arrestation, la détention ou l'emprisonnement d'un enfant doit être en conformité avec la loi, n'être qu'une mesure de dernier ressort, et être d'une durée aussi brève que possible ;

c) Tout enfant privé de liberté soit traité avec humanité et

avec le respect dû à la dignité de la personne humaine, et d'une manière tenant compte des besoins des personnes de son âge : en particulier, tout enfant privé de liberté sera séparé des adultes, à moins que l'on n'estime préférable de ne pas le faire dans l'intérêt supérieur de l'enfant, et il a le droit de rester en contact avec sa famille par la correspondance et par des visites, sauf circonstances exceptionnelles ;

d) Les enfants privés de liberté aient le droit d'avoir rapidement accès à l'assistance juridique ou à toute assistance appropriée, ainsi que le droit de contester la légalité de leur privation de liberté devant un tribunal ou une autre autorité compétente, indépendante et impartiale, et à ce qu'une décision rapide soit prise en la matière.

Art. 38

— 1. Les États parties s'engagent à respecter et à faire respecter les règles du droit humanitaire international qui leur sont applicables en cas de conflit armé et dont la protection s'étend aux enfants.

— 2. Les États parties prennent toutes les mesures possibles dans la pratique pour veiller à ce que les personnes n'ayant pas atteint l'âge de 15 ans ne participent pas directement aux hostilités.

— 3. Les États parties s'abstiennent d'enrôler dans leurs forces armées toute personne n'ayant pas atteint l'âge de 15 ans. Lorsqu'ils incorporent des personnes de plus de 15 ans mais de moins de 18 ans, les États parties s'efforcent d'enrôler en priorité les plus âgées.

— 4. Conformément à l'obligation qui leur incombe en vertu du droit humanitaire international de protéger la population civile en cas de conflit armé, les États parties prennent toutes les mesures possibles dans la pratique pour que les enfants qui sont touchés par un conflit armé bénéficient d'une protection et de soins.

Art. 39

— Les États parties prennent toutes les mesures appropriées pour faciliter la réadaptation physique et psychologique et la réinsertion sociale de tout enfant victime de toute forme de négligence, d'exploitation ou de sévices, de torture ou de toute autre forme de peines ou traitements cruels, inhumains ou dégradants, ou de conflit armé. Cette réadaptation et cette réinsertion se déroulent dans des conditions qui favorisent la santé, le respect de soi et la dignité de l'enfant.

Art. 40

— 1. Les États parties reconnaissent à tout enfant suspecté, accusé ou convaincu d'infraction à la loi pénale le droit à un traitement qui soit de nature à favoriser son sens de la dignité et de la valeur personnelle, qui renforce son respect pour les droits de l'homme et les libertés fondamentales d'autrui, et qui tienne compte de son âge ainsi que de la nécessité de faciliter sa réintégration dans la société et de lui faire assumer un rôle constructif au sein de celle-ci.

— 2. À cette fin, et compte tenu des dispositions pertinentes des instruments internationaux, les États parties veillent en particulier :

a) À ce qu'aucun enfant ne soit suspecté, accusé ou convaincu d'infraction à la loi pénale en raison d'actions ou d'omissions qui n'étaient pas interdites par le droit national ou international au moment où elles ont été commises ;

b) À ce que tout enfant suspecté ou accusé d'infraction à la loi pénale ait au moins le droit aux garanties suivantes :

I- à être présumé innocent jusqu'à ce que sa culpabilité ait été légalement établie ;

II- à être informé dans le plus court délai et directement des accusations portées contre lui, ou, le cas échéant, par l'intermédiaire de ses parents ou représentants légaux, et à bénéficier d'une assistance juridique ou de toute autre assistance appropriée pour la préparation et la présentation de sa défense ;

III- à ce que sa cause soit entendue sans retard par une autorité ou une instance judiciaire compétentes, indépendantes et impartiales, selon une procédure équitable aux termes de la loi, en présence de son conseil juridique ou autre et, à moins que cela ne soit jugé contraire à l'intérêt supérieur de l'enfant en raison notamment de son âge ou de sa situation, en présence de ses parents ou représentants légaux ;

IV- à ne pas être contraint de témoigner ou de s'avouer coupable ; à interroger ou faire interroger les témoins à charge, et à obtenir la comparution et l'interrogatoire des témoins à décharge dans des conditions d'égalité ;

V- s'il est reconnu avoir enfreint la loi pénale, à faire appel de cette décision et de toute mesure arrêtée en conséquence devant une autorité ou une instance judiciaire supérieure compétentes, indépendantes et impartiales, conformément à la loi ;

VI- à se faire assister gratuitement d'un interprète s'il ne comprend ou ne parle pas la langue utilisée ;

VII- à ce que sa vie privée soit pleinement respectée à tous les stades de la procédure.

— 3. Les États parties s'efforcent de promouvoir l'adoption de lois, de procédures, la mise en place d'autorités et d'institutions spécialement conçues pour les enfants suspectés, accusés ou convaincus d'infraction à la loi pénale, et en particulier :

a) D'établir un âge minimum au-dessous duquel les enfants seront présumés n'avoir pas la capacité d'enfreindre la loi pénale ;

b) De prendre des mesures, chaque fois que cela est possible et souhaitable, pour traiter ces enfants sans recourir à la procédure judiciaire, étant cependant entendu que les droits de l'homme et les garanties légales doivent être pleinement respectés.

— 4. Toute une gamme de dispositions, relatives notamment aux soins, à l'orientation et à la supervision, aux conseils, à la probation, au placement familial, aux programmes d'éducation générale et professionnelle et aux solutions autres qu'institutionnelles seront prévues en vue d'assurer aux enfants un traitement conforme à leur bien-être et proportionné à leur situation et à l'infraction.

Art. 41

— Aucune des dispositions de la présente Convention ne porte atteinte aux dispositions plus propices à la réalisation des droits de l'enfant qui peuvent figurer :

a) Dans la législation d'un État partie ;

b) Dans le droit international en vigueur pour cet État.

Art. 42

— Les États parties s'engagent à faire largement connaître les principes et les dispositions de la présente Convention, par des moyens actifs et appropriés, aux adultes comme aux enfants.

Art. 43

— 1. Aux fins d'examiner les progrès accomplis par les États parties dans l'exécution des obligations contractées par eux en vertu de la présente Convention, il est institué un Comité des droits de l'enfant qui s'acquitte des fonctions définies ci-après.

— 2. Le Comité se compose de 10 experts de haute moralité et possédant une compétence reconnue dans le domaine visé par la présente Convention. Ses membres sont élus par les États parties parmi leurs ressortissants et siègent à titre personnel, compte tenu de la nécessité d'assurer une répartition géographique équitable et eu égard aux principaux systèmes juridiques.

— 3. Les membres du Comité sont élus au scrutin secret sur une liste de personnes désignées par les États parties. Chaque État partie peut désigner un candidat parmi ses ressortissants.

— 4. La première élection aura lieu dans les six mois suivant la date d'entrée en vigueur de la présente Convention. Les élections auront lieu ensuite tous les deux ans. Quatre mois au moins avant la date de chaque élection, le Secrétaire général de l'Organisation des Nations Unies invitera par écrit les États parties à proposer leurs candidats dans un délai de deux mois. Le Secrétaire général dressera ensuite la liste alphabétique des candidats ainsi désignés, en indiquant les États parties qui les ont désignés, et la communiquera aux États parties à la présente Convention.

— 5. Les élections ont lieu lors des réunions des États parties, convoquées par le Secrétaire général au siège de l'Organisation des Nations Unies. À ces réunions, pour lesquelles le quorum est constitué par les deux tiers des

États parties, les candidats élus au Comité sont ceux qui obtiennent le plus grand nombre de voix et la majorité absolue des voix des États parties et votants.

— 6. Les membres du Comité sont élus pour quatre ans. Ils sont rééligibles si leur candidature est présentée à nouveau. Le mandat de cinq ans des membres élus lors de la première élection prend fin au bout de deux ans. Les noms des cinq membres seront tirés au sort par le président de la réunion immédiatement après la première élection.

— 7. En cas de décès ou de démission d'un membre du Comité, ou si, pour toute autre raison, un membre déclare ne plus pouvoir exercer ses fonctions au sein du Comité, l'État partie qui avait présenté sa candidature nomme un autre expert parmi ses ressortissants pour pourvoir le poste ainsi vacant jusqu'à l'expiration du mandat correspondant, sous réserve de l'approbation du Comité.

— 8. Le Comité adopte son règlement intérieur.

— 9. Le Comité élit son bureau pour une période de deux ans.

— 10. Les réunions du Comité se tiennent normalement au Siège de l'Organisation des Nations Unies, ou en tout autre lieu approprié déterminé par le Comité. Le Comité se réunit normalement chaque année. La durée de ses sessions est déterminée et modifiée, si nécessaire, par une réunion des États parties à la présente Convention, sous réserve de l'approbation de l'Assemblée générale.

— 11. Le Secrétaire général de l'Organisation des Nations Unies met à la disposition du Comité le personnel et les installations qui lui sont nécessaires pour s'acquitter efficacement des fonctions qui lui sont confiées en vertu de la présente Convention.

— 12. Les membres du Comité institué en vertu de la présente Convention reçoivent, avec l'approbation de l'Assemblée générale, des émoluments prélevés sur les ressources de l'Organisation des Nations Unies dans les conditions et selon les modalités fixées par l'Assemblée générale.

Art. 44

— 1. Les États parties s'engagent à soumettre au Comité, par l'entremise du Secrétaire général des Nations Unies, des rapports sur les mesures qu'ils auront adoptées pour donner effet aux droits reconnus dans la présente Convention et sur les progrès réalisés dans la jouissance de ces droits :

a) Dans les deux ans à compter de la date de l'entrée en vigueur de la présente Convention pour les États parties intéressés,

b) Par la suite, tous les cinq ans.

— 2. Les rapports établis en application du présent article doivent, le cas échéant, indiquer les facteurs et les difficultés empêchant les États parties de s'acquitter pleinement des obligations prévues dans la présente Convention. Ils doivent également contenir des renseignements suffisants pour donner au Comité une idée précise de l'application de la Convention dans le pays considéré.

— 3. Les États parties ayant présenté au Comité un rapport initial complet n'ont pas, dans les rapports qu'il lui présentent ensuite conformément à l'alinéa b) du paragraphe 1, à répéter les renseignements de base antérieurement communiqués.

— 4. Le Comité peut demander aux États parties tous renseignements complémentaires relatifs à l'application de la Convention.

— 5. Le Comité soumet tous les deux ans à l'Assemblée générale, par l'entremise du Conseil économique et social, un rapport sur ses activités.

— 6. Les États parties assurent à leurs rapports une large diffusion dans leur propre pays.

Art. 45

— Pour promouvoir l'application effective de la Convention et encourager la coopération internationale dans le domaine visé par la Convention :

a) Les institutions spécialisées, l'UNICEF et d'autres organes des Nations Unies ont le droit de se faire représenter lors de l'examen de l'application des dispositions de la présente Convention qui relèvent de leur mandat. Le Comité peur inviter les institutions spécialisées, l'UNICEF et tous autres organismes compétents qu'il jugera appropriés à donner des avis spécialisés sur l'application de la Convention dans les domaines qui relèvent de leur mandat respectif. Il peut inviter les institutions spécialisées, l'UNICEF et d'autres organes des Nations Unies à lui présenter des rapports sur l'application de la Convention dans les secteurs qui relèvent de leur domaine d'activité.

b) Le Comité transmet, s'il le juge nécessaire, aux institutions spécialisées, à l'UNICEF et aux autres organismes compétents tout rapport des États parties contenant une demande ou indiquant un besoin de conseils ou d'assistance techniques, accompagné, le cas échéant, des observations et suggestions du Comité touchant la dite demande ou indication.

c) Le Comité peut recommander à l'Assemblée générale de prier le Secrétaire général de procéder pour le Comité à des études sur des questions spécifiques touchant les droits de l'enfant.

d) Le Comité peut faire des suggestions et des recommandations d'ordre général fondées sur les renseignements reçus en application des articles 44 et 45 de la présente Convention. Ces suggestions et recommandations d'ordre général sont transmises à tout État partie intéressé et portées à l'attention de l'Assemblée générale, accompagnées, le cas échéant, des observations des États parties.

Art. 46

— La présente Convention est ouverte à la signature de tous les États.

Art. 47

— La présente Convention est sujette à ratification. Les instruments de ratification seront déposés auprès du Secrétaire général de l'Organisation des Nations Unies.

Art. 48

— La présente Convention restera ouverte à l'adhésion de tout État. Les instruments d'adhésion seront déposés auprès du Secrétaire général de l'Organisation des Nations Unies.

Art. 49

— 1. La présente Convention entrera en vigueur le trentième jour qui suivra la date du dépôt auprès du Secrétaire général de l'Organisation des Nations Unies du vingtième instrument de ratification ou d'adhésion.

— 2. Pour chacun des États qui ratifieront la présente Convention ou y adhéreront après le dépôt du vingtième instrument de ratification ou d'adhésion, la Convention entrera en vigueur le trentième jour qui suivra le dépôt par cet État de son instrument de ratification ou d'adhésion.

Art. 50

— 1. Tout État partie peut proposer un amendement et en déposer le texte auprès du Secrétaire général de l'Organisation des Nations Unies. Le Secrétaire général communique alors la proposition d'amendement aux États parties, en leur demandant de lui faire savoir s'ils sont favorables à la convocation d'une conférence des États parties en vue de l'examen de la proposition et de sa mise aux voix. Si, dans les quatre mois qui suivent la date de cette communication, un tiers au moins des États parties se prononcent en faveur de la convocation d'une telle conférence, le Secrétaire général convoque la conférence sous les auspices de l'Organisation des Nations Unies. Tout amendement adopté par la majorité des États parties présents et votants à la conférence est soumis pour approbation à l'Assemblée générale des Nations Unies.

— 2. Tout amendement adopté conformément aux dispositions du paragraphe 1 du présent article entre en vigueur lorsqu'il a été approuvé par l'Assemblée générale des Nations Unies et accepté par une majorité des deux tiers des États parties.

— 3. Lorsqu'un amendement entre en vigueur, il a force obligatoire pour les États parties qui l'ont accepté, les autres États parties demeurant liés par les dispositions de la présente Convention et par tous amendements antérieurs acceptés par eux.

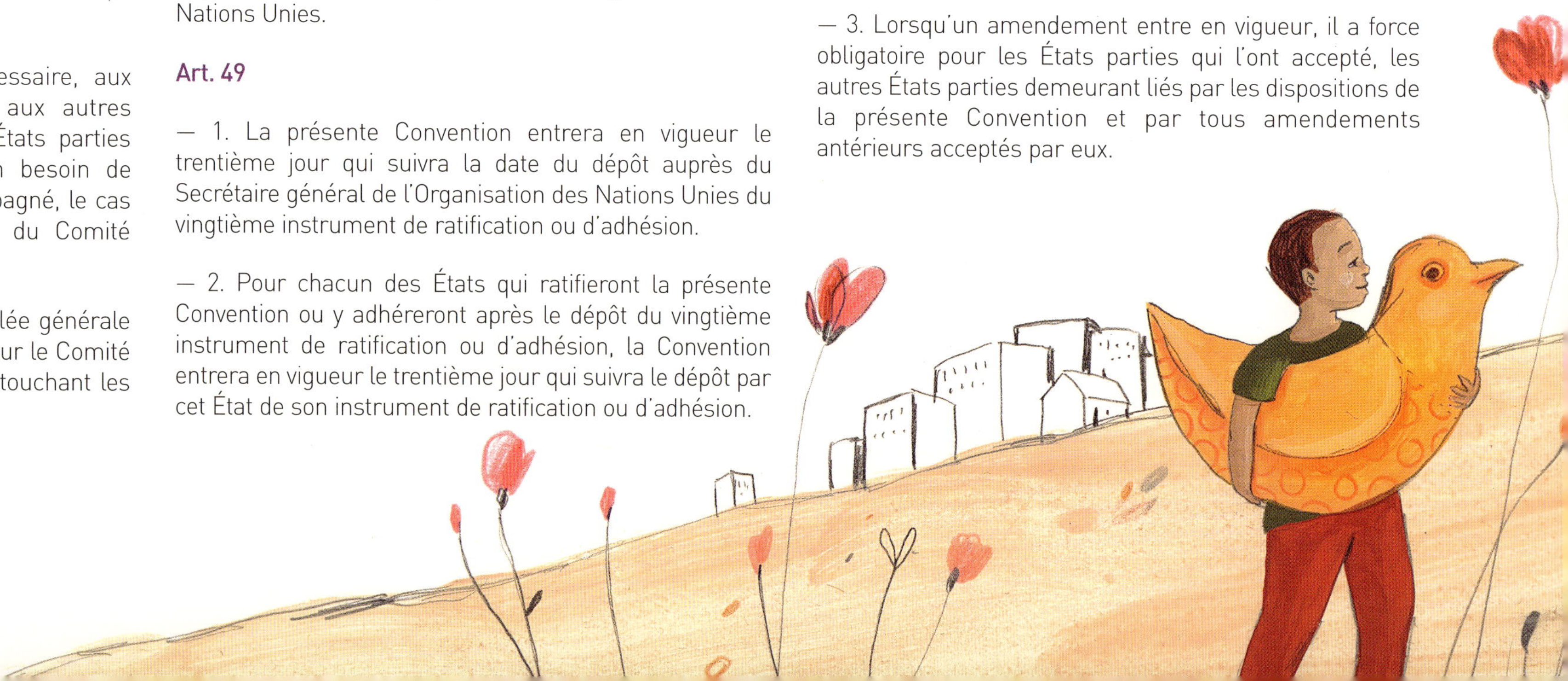

Art. 51

— 1. Le Secrétaire général de l'Organisation des Nations Unies recevra et communiquera à tous les États le texte des réserves qui auront été faites par les États au moment de la ratification ou de l'adhésion.

— 2. Aucune réserve incompatible avec l'objet et le but de la présente Convention n'est autorisée.

— 3. Les réserves peuvent être retirées à tout moment par notification adressée au Secrétaire général de l'Organisation des Nations Unies, lequel en informe tous les États parties à la Convention. La notification prend effet à la date à laquelle elle est reçue par le Secrétaire général.

Art. 52

— Tout État partie peut dénoncer la présente Convention par notification écrite adressée au Secrétaire général de l'Organisation des Nations Unies. La dénonciation prend effet un an après la date à laquelle la notification a été reçue par le Secrétaire général.

Art. 53

— Le Secrétaire général de l'Organisation des Nations Unies est désigné comme dépositaire de la présente Convention.

Art. 54

— L'original de la présente Convention, dont les textes anglais, arabe, chinois, espagnol, français et russe font également foi, sera déposé auprès du Secrétaire général de l'Organisation des Nations Unies.

En foi de quoi les plénipotentiaires soussignés, dûment habilités par leurs gouvernements respectifs, ont signé la présente Convention.

Couverture

Enfant dans la Cordillère des Andes, en Argentine.
© *Alain Serres*

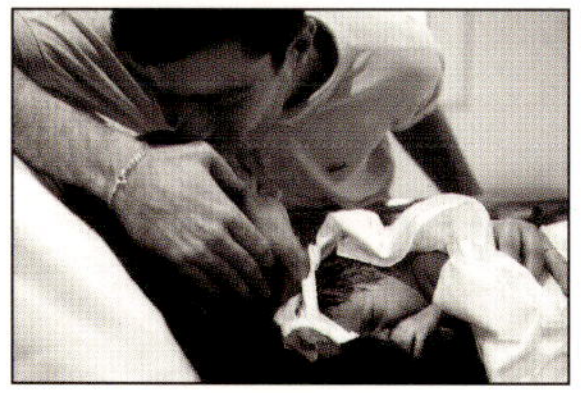
p. 9

Naissance dans une maternité en France.
© *Caty Jan / Tendance floue*

p. 10

Famille en zone rurale au Bangladesh.
© *Wasif Munem / Agence VU*

p. 14

Enfant au Salvador.
© *Larry Towell / Magnum Photos*

p. 15

Enfants à la fontaine au Yemen.
© *Ferdinando Scianna / Magnum Photos*

p. 16

Une conduite d'eau traverse un bidonville de Mumbai (Inde).
© *Sebastião Salgado / Amazonas Images / Contact Press Images*

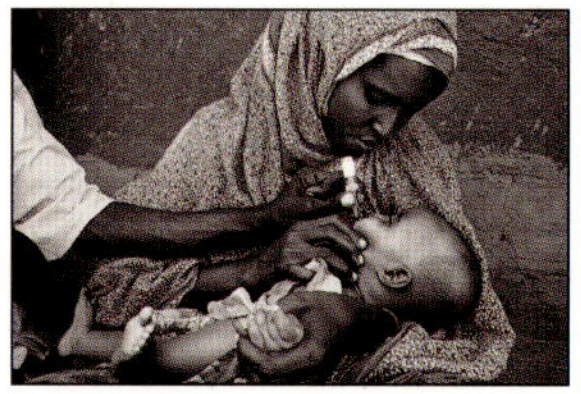
p. 19

Vaccination contre la polio en Somalie.
© *Sebastião Salgado / Amazonas Images / Contact Press Images*

p. 22

Dans une rue de Djakarta (Indonésie).
© *Sebastião Salgado / Amazonas Images / Contact Press Images*

p. 24

Habitations précaires sur un immeuble de Caracas (Vénézuela).
© *Jonas Bendiksen / Magnum Photos*

p. 25

Sur les toits de Bethléem en Palestine (Israël).
© *Christopher Anderson / Magnum Photos*

p. 26

Famille peul du Niger
© *Raymond Depardon / Magnum Photos*

p. 28

École dans les Chiapas, au Mexique.
© *Mat Jacob / Tendance floue*

p. 32

Promotion du train à grande vitesse à Taïwan.
© *Chien-Chi Chang / Magnum Photos*

p. 33

Fillette d'Hõ Chi Minh-Ville se rendant à l'école.
© *Philip Jones Griffiths / Magnum Photos*

p. 35

École en Afrique du Sud.
© *Ian Berry / Magnum Photos*

p. 37

Un atelier mécanique au Bangladesh.
© *Abbas / Magnum Photos*

p. 40

Enfants dans un village indien du Mexique.
© *Mat Jacob / Tendance floue*

p. 41

Enfants de Bagdad (Irak).
© *Peter van Agtmael / Magnum Photos*

p. 42

Libanais fuyant la guerre.
© *Paolo Pellegrin / Magnum Photos*

p. 44

Camp de réfugiés afghans.
© *Christopher Anderson / Magnum Photos*

p. 49

Dans un camp palestinien
en Israël.
© *Larry Towell /*
Magnum Photos

p. 50

Équipe mixte de rugby
à Béziers (France).
© *John Vink /*
Magnum Photos

p. 51

Écolières au Cambodge.
© *John Vink /*
Magnum Photos

p. 54

Famille de Portland,
Oregon (USA).
© *Bruce Davidson /*
Magnum Photos

p. 56

École en plain air.
© *Ferdinando Scianna /*
Magnum Photos

p. 57

Enfants dans les rues de
Sihanoukville au Cambodge.
© *John Vink /*
Magnum Photos

p. 58

Fillette jouant dans le nord
de l'Australie.
© *Tamara Voninski / Oculi /*
Agence VU

p. 61

Silhouette d'enfant en France.
© *Stephan Zaubitzer*

p. 62

Carnaval de Recife (Brésil).
© *Bruno Barbey /*
Magnum Photos

p. 67

Grand magasin à Singapour.
© *Philippe Lopparelli /*
Tendance floue

p. 68

Aire de jeu à Paris (France).
© *Guillaume Zuili /*
Agence VU

p. 71

Enfant à l'accordéon en région
parisienne (France).
© *Raymond Depardon /*
Magnum Photos

p. 72

La première averse après huit
mois de sécheresse, en Australie.
© *Andrew Quilty / Oculi /*
Agence VU

Ce livre est imprimé sur du papier Condat mat Périgord
correspondant aux normes suivantes : sans bois, ECF (Elemental Chlorine Free),
sans acide à longue durée de vie, conforme aux exigences européennes concernant
la teneur en métaux lourds (98/638 CE), recyclable et biodégradable.

Achevé d'imprimer en octobre 2009
sur les presses de TGC Print (Espagne)
Dépôt légal : octobre 2009